LES PRISONNIERS

EXTRAITS INÉDITS

DU

JOURNAL D'UN DIPLOMATE

PARIS

Rue Saint-Honoré, 338

—

M D[illegible] XXXI

LES PRISONNIERS

DE LA COMMUNE

DU MÊME AUTEUR

Journal d'un Diplomate en Italie. Notes intimes pour servir à l'histoire du second Empire. — Turin, 1859-1862. 3e édition.

Journal d'un Diplomate en Italie. Notes intimes pour servir à l'histoire du second Empire. — Rome, 1862-1866. 3e édition.

Journal d'un Diplomate en Allemagne, en Grèce. Notes intimes pouvant servir à l'histoire du second Empire. — Athènes, 1866; Dresde, 1867. 2e édition.

Les Piémontais a Rome. Lettres du Comte de X..., recueillies et éditées par H. d'Ideville. — Mentana, 1867; la prise de Rome, 1870. — Librairie Vaton

M. Beulé. Souvenirs personnels, avec portrait et autographes. In-18. — Michel Lévy.

Monseigneur Xavier de Mérode. In-18. — Vaton.

Lettres flamandes. In-18. — Bloud et Barral, édit.

Une Visite au maréchal Canrobert — Bloud et Barral, 10, rue Cassette.

En préparation :

Journal d'un Diplomate en disponibilité (1868-1873). Notes intimes pouvant servir à l'histoire du second Empire et des gouvernements provisoires qui l'ont suivi

Journal d'un Préfet a Alger. Notes intimes pouvant servir à l'histoire du gouvernement de l'Algérie après le 24 mai 1873.

Vieilles Maisons et Jeunes Souvenirs (1830-1860).

LES PRISONNIERS

DE

LA COMMUNE

EXTRAITS INÉDITS

DU

JOURNAL D'UN DIPLOMATE

PARIS
LIBRAIRIE DES BIBLIOPHILES
Rue Saint-Honoré, 338

M DCCC LXXVI

I

LES PRISONNIERS
DE LA COMMUNE

Boulogne-sur-Seine, 28 mai 1871 (1).

Je suis sous l'étreinte d'une des émotions les plus fortes que j'ai ressenties dans ma vie. Les événements de cette journée, fatale entre toutes, laisseront dans notre malheureuse France des traces ineffaçables; mais ils m'ont si

(1) La première partie de ces souvenirs, extraits d'un livre non encore paru : *Journal d'un diplomate en disponibilité* (1868-1873), a été publiée dans le *Journal de Paris* du 3 août 1872.

profondément remué que j'éprouve le besoin de faire partager les sentiments et les impressions par lesquels j'ai successivement passé aujourd'hui.

Le 8 avril, samedi saint, nous avions abandonné précipitamment notre maison de Boulogne-sur-Seine, au moment où la neutralité de notre ville avait été violée par l'apparition d'un bataillon de la Commune. Le danger devenait pressant; la veille, des balles étaient tombées dans le jardin, jusqu'aux pieds de mes petites filles.

En deux heures, je parvins à embarquer ma femme et mes enfants et à réunir quelques objets précieux. Notre cocher était un serviteur sûr et à toute épreuve; dans le cas où le hasard me forcerait à me séparer des miens, il savait où se diriger.

Arrivés au bord de la Seine, en face de Sèvres, nous trouvâmes les ponts de bateaux rompus ; ce fut seulement après une longue attente que j'obtins du général Vergé l'ordre de les faire réunir pour nous livrer le passage. Des groupes armés se promenaient sur la berge ; mais les hostilités n'étaient pas encore engagées entre les deux rives.

Enfin nous pûmes, à grand'peine, arriver à Versailles, et de là, à petites journées, gagner les environs d'Orléans.

Les villes et les villages placés sur notre route étaient déjà encombrés par les nombreuses familles qui avaient fui devant la Commune et attendaient anxieusement la fin de l'horrible lutte. C'est au milieu de ces angoisses que se passa notre séjour à X.... Chaque jour, les nouvelles devenaient plus graves ; les rares personnes qui s'échappaient alors de Paris nous donnaient sur l'état de la ville et sur la terreur qui y régnait des renseignements les plus inquiétants.

Enfin, le 22 mai au matin, un télégramme affiché à la mairie de X... vint nous apprendre que les premiers Versaillais allaient entrer à Paris et que l'insurrection était agonisante. Nos préparatifs de départ ne furent pas longs. Après avoir passé la nuit à X..., chez des amis, aux environs de Limours, nous nous remîmes en route pour Versailles en traversant la ravissante vallée de Chevreuse.

La chaleur était accablante ; sur cette grande route, pavée encore du temps de Louis XV, si animée jadis, au temps des chaises de poste, des diligences et des rouliers, notre vieille calèche découverte s'avançait péniblement comme un coche. Mes deux petites filles dormaient sur les genoux de leur mère; leur frère André, que le roulement lointain du canon tenait en éveil, nous accablait de questions. Il nous demandait avec terreur s'il retrouverait la maison debout, le vieux chien, son cheval de bois, ses livres et les joujoux de ses sœurs.

En approchant de Versailles, les incidents de la route se multiplièrent; des patrouilles à cheval sillonnaient les bois de Satory; à plusieurs reprises je fus forcé de montrer mon passeport et de prouver que mes enfants et leur mère n'avaient pris aucune part à l'insurrection.

Il est impossible de se figurer l'encombrement de Versailles pendant cette journée terrible. Les faubourgs, si paisibles, étaient envahis par des voitures de toute espèce; des détachements de soldats en tenue de campagne, des cavaliers, des fourgons de l'armée, des charrettes de paysans s'avançaient pêle-mêle au milieu des équipages. C'était surtout vers les grandes avenues qui aboutissent au château que le mouvement, l'agitation, la foule, devenaient plus intenses. Des canons, pris à l'insurrection, arrivaient par l'avenue de Paris; des convois d'insurgés débouchaient sur la place d'Armes, à travers une haie de bourgeois, effarés hier, aujourd'hui triomphants, qui acclamaient avec frénésie les soldats et huaient les vaincus.

Des députés, des officiers circulaient dans les groupes; chacun s'interrogeait avec anxiété sur les péripéties de la lutte, tandis que les hauts fonctionnaires de la République provisoire, massés devant la Cour du Maroc et sur les trottoirs de l'hôtel des Réservoirs, discutaient avec animation et déployaient dans leurs discours une énergie tardive. Sortant ensemble, à ce moment, de la Chambre, MM. Jules Simon et Jules Favre me semblèrent anéantis. Que de remords devaient, à cette heure fatale, torturer l'âme de ces agitateurs ambitieux! J'avoue que, placé comme je l'étais par les hasards de la hiérarchie sous les ordres de ce dernier, je fus heureux de ne pas être connu de cette Excellence de rencontre. J'évitai ainsi le salut du négociateur naïf qui avait trop éloquemment, hélas! plaidé devant M. de Bismarck la cause des gardes nationaux de Paris, de celui dont la légèreté coupable avait amoncelé tous les cadavres de l'armée de Bourbaki ! . . . .

Avant de regagner Boulogne, il fallut songer à faire reposer les enfants. Les hôtels, les auberges et les cabarets regorgeaient de monde. Jamais, au temps du grand roi, la ville de Versailles n'avait vu une affluence aussi considérable. Mais, au milieu de cette agitation bruyante, affairée, on sentait l'émotion sinistre qui accompagne les grandes crises, guerres civiles ou révolutions.

Au détour d'une rue, je rencontrai la femme d'un de mes amis, commandant d'état-major. La pauvre jeune femme était dans un état d'anxiété et de trouble inexprimables. Son mari, placé auprès du maréchal Mac-Mahon, était absent depuis trente-six heures et personne ne savait ce qu'il était devenu.

Vers quatre heures, les nouvelles arrivèrent à Versailles et y jetèrent l'épouvante. Les incendies de la nuit, que la troupe n'avait pas eu le temps d'arrêter, se multipliaient de minute en minute. On parlait de l'embrasement de l'Hôtel de Ville et de la Cité. Les Tuileries, le Louvre, le Ministère des finances et plusieurs quartiers de Paris étaient en feu, disait-on. Le bruit du canon et des mitrailleuses ne cessait de se faire entendre. Malgré les avantages remportés par nos soldats, les insurgés occupaient encore des points importants. C'était évidemment les derniers déchirements de cette lutte effroyable, mais à quel prix Versailles allait-il reconquérir Paris!

Malgré le danger de nous rapprocher de la ville en flammes, ma femme ne voulut, à aucun prix, rester plus longtemps à Versailles, et nous reprîmes le chemin de Boulogne, en suivant la route de Paris.

Dussé-je vivre cent ans, il me sera impossible d'oublier jamais les émotions profondes de cette journée, et ce trajet d'une heure à travers les vestiges de la guerre civile. La chaleur était accablante; la poussière de la route, sans cesse soulevée par des patrouilles de cavaliers, des escouades du train qui ramenaient de Paris canons et munitions de toute sorte. De longues files de chariots remplis de fusils, d'uniformes, de drapeaux rouges enlevés sur les barricades, encombraient la chaussée. Des estafettes, des officiers couraient ventre à terre vers Paris ou se dirigeaient sur Versailles. Des fourgons d'ambulance, des tapissières chargées de blessés, de morts, s'avançaient lentement.

Mais ce qui nous impressionna le plus, fut le défilé sinistre de ces longues bandes de prisonniers qui croisaient notre voiture sur la route. Plus de trois mille individus, par groupe de deux ou trois cents, défilèrent ainsi sous nos yeux dans l'espace d'une heure. Quatre cavaliers, le pistolet au poing, marchaient en tête de chaque détachement de rebelles. Aux portes de Versailles, nous nous étions déjà rencontrés avec une de ces bandes enchaînées. La foule se précipitait vers elle, en poussant des cris de haine et de colère, la menace dans les yeux et dans les gestes.

Les prisonniers, l'œil farouche, la démarche assurée, l'attitude hautaine, répondaient souvent, eux aussi, par un mot grossier, jeté en passant aux provocations de la multitude, heureux lorsqu'un des cavaliers de l'escorte ne terminait pas, du plat de son sabre, le colloque échangé. Devant cette foule féroce, haletante, exaspérée, qui huait les vaincus, les prisonniers, épuisés par la lutte et les fatigues d'une longue marche, tête nue, en plein soleil, retrouvaient encore assez d'énergie et de force pour se draper dans une attitude d'arrogance et de défi. Il en était encore ainsi chaque fois que le convoi traversait un centre : Sèvres, Chaville ou Ville-d'Avray. Mais sur la route, en pleine campagne, lorsque le convoi s'avançait lentement au milieu de la chaussée, la physionomie des malheureux n'était plus la même.

Je contemplais avidement les sinistres convois qui passaient sous mes yeux. Réunis en rangs de huit ou dix, les rebelles étaient contraints par les soldats de se tenir bras dessus bras dessous; tantôt, accouplés par le hasard, ils marchaient de front comme au village, les jours de fêtes, s'avancent en chantant sur la route les bandes joyeuses de paysans.

Aujourd'hui, hélas! quel contraste horrible! Ces misérables, ouvriers pour la plupart, s'avançaient les habits souillés de sang ou de boue. Quelques-uns portaient encore le costume du travail, la blouse de l'atelier ou le tablier; les autres étaient revêtus de ces uniformes variés et bizarres des bataillons de la Commune; un grand nombre portaient de faux ou de vrais uniformes d'artilleurs, de zouaves, de fantassins de notre armée ; quelques-uns en chapeau et en paletot, les mains propres ; d'autres avec des galons dorés. Tous ceux qu'on avait saisis revêtus de l'uniforme des soldats de l'armée avaient été forcés, en signe de désertion et de honte, de retourner leurs capotes.

Dans cette foule sinistre, il y avait des enfants de tout âge, des infirmes, des vieillards qui se traînaient avec peine et que les derniers cavaliers de l'escorte étaient forcés de harceler et de presser lorsque le convoi, après s'être arrêté un instant, se remettait en marche. Et les femmes ! Le spectacle était plus émouvant encore ! Quelques-unes, tenant dans leurs bras des enfants à la mamelle, s'avançaient péniblement, entravées dans leurs pas par des enfants plus âgés qui se pendaient en pleurant aux jupes de leur mère. Nos braves soldats avaient alors pitié de ces infortunées et ralentissaient le convoi. Je vois encore un cuirassier tenant sur le devant de sa selle et entourant de son bras un de ses prisonniers qui n'avait pas plus de cinq ans. Les femmes étaient généralement hideuses; plusieurs en robe de soie fangeuse, les cheveux ébouriffés, la débauche insolente imprimée sur la face. — D'autres, costumées en vivandières ou déguisées en soldats, marchaient seules, riant cyniquement avec leurs compagnons, aux bras desquels elles s'accrochaient avec effronterie. Mais, le plus souvent, les femmes réunies ensemble fermaient la marche du cortége.

Ce défilé étrange, fantastique, je l'ai là, sous mes yeux. Il me semble que le souvenir de ces physionomies, de ces têtes, de ces regards, ne m'abandonnera plus. Ah! oui, moi aussi, comme les bourgeois ameutés et les émigrés de Versailles, mon cœur, ce jour-là, débordait d'indignation et de haine, mais j'oserai dire tout à l'heure quels sont ceux que je haïssais!

Notre voiture longeait le bord de la route, laissant la chaussée libre; cependant, à plusieurs reprises, elle fut forcée de s'arrêter. Mes petits-enfants, muets et comme épouvantés, se serraient, immobiles, contre leur mère, et regardaient fixement le sombre cortége; les prisonniers, en passant près de ce groupe d'une famille libre et heureuse, jetaient vers nous des regards indicibles, où se lisaient un désespoir sombre, une folle douleur. Eux aussi, pour la plupart, avaient, hier, des enfants et une femme aimés! Qu'étaient-ils devenus? Les reverraient-ils jamais, ces êtres chers dont la vue de mes enfants leur apportait le souvenir déchirant? En effet, tout à l'heure, à travers les cris de rage et de vengeance qui avaient assailli leur passage, aux portes de Paris et à Sèvres, n'avaient-ils pas entendu répéter qu'à Satory on fusillait en masse. Le bruit persistant du canon et de la fusillade, qui arrivait distinctement du côté de Paris, l'incendie dont les lueurs s'apercevaient, la fumée dont le ciel était obscurci, les estafettes qui couraient ventre à terre dans la direction de Paris, tout leur prouvait que la lutte était encore dans son paroxysme. N'était-il pas étonnant que, dans ces âmes timorées, sans éducation, la crainte de représailles sauvages et sans pitié dominât tout autre sentiment? — Plus d'un de ces misérables, en jetant un long regard sur notre voiture, avait les yeux pleins de larmes. Leur physionomie, à ce moment, n'avait plus l'aspect farouche, le masque de haine et d'arrogance qu'elle avait pris tantôt, en présence de la foule hurlante des bourgeois conservateurs.

Là, sur cette route, au milieu de la nature verdoyante, n'ayant pour témoins de leur misère que des êtres naïfs, dans les yeux desquels ils sentaient la pitié et non l'horreur, ils ne prenaient plus la peine de déguiser, dans une attitude théâtrale, les émotions poignantes qui les oppressaient. Ils marchaient lentement les infortunés, comme vers la mort, accablés sous le poids de leur vie de lutte et de souffrances : quel cauchemar horrible! quel épouvantable réveil!

C'est alors, je l'avoue, qu'en présence de ces déshérités, de cette armée vaillante, elle aussi, toujours exposée, toujours vaincue, toujours victime, toujours dupe, je crispais mes poings de rage en songeant à leurs chefs infâmes, dont les uns rôdaient ou trônaient à Versailles, tandis que d'autres s'enfuyaient à ce moment par les portes entrebâillées de Paris. — Ah! s'ils les avaient tenus alors tout vifs entre leurs mains, ces pitres à la langue dorée, au cœur de lâches, ces tribuns et ces rimailleurs, comme ils en eussent fait, devant Dieu, bonne et prompte justice! Ils ne les eussent pas épargnés leurs excitateurs, leurs bourreaux, eux, la troupe obscure, anonyme, soldats trahis, leurrés, instruments éternellement sacrifiés des ambitions et des convoitises (1). — Si M. Thiers, notre dictateur souverain d'aujourd'hui, était cet incomparable politique que l'on dit, il n'aurait, selon moi, qu'un parti à prendre : amnistier en masse ces obscurs rebelles, entraînés et inconscients, et fusiller sans exception aucune, devant les ruines fumantes de l'Hôtel de Ville, tous

(1) Je viens tout à l'heure de lire une page autographe de Victor Hugo qui contient ces mots : « Pour être responsable, il faut être intelligent. Les chefs comprenaient jusqu'à un certain point les actions qu'ils commettaient ; les autres, non. La main est responsable, la fronde l'est peu, la pierre ne l'est pas. » — De qui veut parler le grand poëte, je l'ignore? Mais je retiens ces nobles et saintes paroles. Lui aussi, le grand cœur, le puissant génie, *excuse l'instrument inconscient et réprouve le chef responsable.* — Il y a des victimes entraînées et des bourreaux responsables. Pitié, amnistie pour la victime; éternel et impitoyable châtiment pour le chef !

les membres de la Commune, tous les généraux et colonels de l'insurrection !

Devant ces prisonniers enchaînés de la Commune, je me souvins des récits navrants que l'on m'avait faits du siége de Paris, de ces nuits glaciales passées à la tranchée, de ces sorties meurtrières et sans gloire, des souffrances inouïes endurées par ces hommes de travail. Ce qui m'avait surtout frappé, c'était la résignation des femmes et des mères attendant une longue nuit d'hiver, sans murmure, pour avoir quelques livres de viande ou du pain. Combien, parmi ces pauvres hères qui venaient de défiler sous nos yeux, avaient peut-être accompli des traits obscurs d'héroïsme et de sublime sacrifice !

Plus tard, après les négociations légendaires de M. Favre et l'armistice, lorsque la guerre civile, comme la foudre, éclata sur Paris, et qu'une poignée de scélérats eut l'audace de saisir le pouvoir abandonné par M. Thiers, que vouliez-vous qu'ils fissent, ces misérables! Énervés par des privations de chaque jour, découragés par une lutte stérile, ces ouvriers sans ouvrage n'étaient-ils pas déshabitués du travail, depuis six mois qu'on les avait improvisés défenseurs de Paris? Il fallait vivre cependant! il fallait manger, coûte que coûte. Voilà pourquoi la plupart avaient acclamé la Commune sans la comprendre, sans savoir qu'ils servaient les projets et les appétits de quelques déclassés, ivres d'envie et d'ambition. Avaient-ils des emplois, des fonctions, eux, les pauvres diables! Émargeaient-ils au budget, pour aller se réfugier à Versailles dans les grands bras du parti de l'ordre? Avaient-ils devant eux des économies, ces ménages de gardes nationaux épuisés par le siége, pour fuir l'émeute, passer la frontière, ou abriter, comme nous, en province, leur femme et leurs enfants?

Qu'eussiez-vous fait à leur place? vous qui, tout à l'heure, vocifériez contre eux des menaces de mort! — Quant à moi, je le dis en toute sincérité, la main sur la conscience, ceux que je viens de voir tout à l'heure passer sur la route de Versailles, je les excuse, je les plains, je les absous. Mais les autres, les autres! tout ce que j'ai, dans le cœur, de fiel, de mépris et de haine, vous savez pour qui je le réserve! Dieu juste qui voyez tout, qui pardonnez et châtiez, serez-vous toujours invoqué en vain!

31 mai 1871.

Je viens de pénétrer dans Paris. Pour franchir les portes gardées par nos troupes, il m'a fallu obtenir un permis de la mairie de Boulogne. Les ruines d'Auteuil dépassent en horreur tout ce que l'on m'avait dit. Autour de la gare, pas une maison debout; la gare elle-même n'est qu'un monceau de pierres; l'armature du pont du chemin de fer, brisée, déchiquetée, pend sur la route. Le pont-levis est aux trois quarts démoli. Les remparts sont criblés : la brèche d'Auteuil, en effet, était attaquée en même temps que celle du Point-du-Jour. — Tous les charmants hôtels qui longent le boulevard Montmorency sont atteints sans exception; les uns entièrement démolis, les autres seulement percés à jour. La maison des Goncourt a moins de mal que les demeures voisines, c'est celle qui m'intéressait le plus. — Jour et nuit, les batteries du Mont-Valérien étaient braquées sur Auteuil, où se trouvait l'état-major de Dombrowski.

Hélas! c'est le canon français qui a ouvert cette brèche et bombardé ce coin de Paris que les Prussiens avaient épargné.

Nous avons suivi avec mon compagnon de Boulogne, M. G. d'A..., la grande rue d'Auteuil et les bords de la Seine. Peu de monde sur les quais; des troupes de pompiers de province et des environs de Paris se dirigent vers les Tuileries. De temps à autre, on entend la fusillade du côté des Buttes-Chaumont. L'épouvantable lutte n'est point encore terminée.

A la hauteur du Trocadéro, nous rencontrons un convoi de prisonniers que l'on conduit à Versailles. Plus loin, des équipages du train, des artilleurs ramènent des canons enlevés aux insurgés. Le défilé me semble interminable. Les voilà donc ces fameux canons du siége, ces mêmes canons des Buttes-Montmartre que les gardes nationaux du 18 mars refusèrent de céder au Gouvernement. Je remarque les fameuses canonnières Farcy sur la Seine; à quoi ont-elles servi?

Aux Champs-Élysées, devant l'Exposition, des baraques d'ambulance sont encombrées de blessés. Tous les arbres sont renversés; qui reconnaîtrait aujourd'hui la promenade élégante, au milieu de ces débris amoncelés? Au coin de la place de la Concorde, cinq cadavres gisent la face contre terre au pied d'une des statues mutilées. On vient de les fusiller, il y a une heure, raconte un enfant. En approchant de la rue de Rivoli, nous sommes arrêtés par une immense barricade qui barre entièrement la chaussée. C'est une véritable muraille de défense faite de pierres et de terrains rapportés : elle s'appuie d'un côté à un des chevaux de Marly, de l'autre à l'hôtel Rothschild, angle de la rue Saint-Florentin; des soldats travaillent à la démolir. Nous suivons notre route en traversant très-péniblement les ruines du Ministère des finances. Là encore des travaux de défense. La colonne Vendôme n'est plus! Pauvre grand Empereur! Sans doute auraient-ils voulu aussi déraciner son nom de l'histoire! Les Tuileries ont disparu. Tout cela est horrible. Mon cœur se serre; des larmes me montent aux yeux; mais ces larmes, je l'avoue hautement, sont des larmes de rage et de haine, quand je songe aux misérables qui ont armé et dirigé le bras des incendiaires et des assassins.

Je reviens sur mes pas et traverse très-difficilement les Tuileries. Le jardin est encombré de caissons et de chariots; des soldats y campent; le vieux château de nos rois et de nos empereurs est renversé; jamais le feuillage des arbres ne m'a semblé plus touffu; quelques rares oiseaux y chantent. Sur les quais, les palais du Conseil d'État et de la Légion d'honneur, ruines, ruines encore fumantes.

J'arrive enfin au ministère des Affaires Étrangères. C'est là qu'est établi le maréchal de Mac-Mahon avec son état-major. De tous côtés, des postes de soldats, des patrouilles à cheval, des estafettes. Une grande foule assiége les abords du Palais-Bourbon. Personne ne pouvant sortir de Paris sans une passe, — c'est l'ordre général, — des officiers d'état-major interrogent chaque solliciteur sur les motifs qui le forcent à sortir de Paris, et, le cas échéant, lui délivrent une passe. J'attends quelques instants, puis, venant à songer que dans l'entourage du maréchal j'ai un ami, mon jeune collègue Emmanuel d'Harcourt, je traverse les bâtiments des Affaires Étrangères, non sans aller visiter mon bureau des archives, où j'ai laissé nombre de livres et de papiers importants. Tout est désert. Le concierge me raconte que les archives ont été respectées par le dernier ministre Pascal Grousset! J'arrive à l'hôtel du quai d'Orsay, où je parviens à voir d'Harcourt. Depuis la guerre nous ne nous étions point revus; je ne puis dire avec quelle joie j'ai retrouvé mon brave camarade. Il a beaucoup changé, en mieux ; est devenu plus homme et plus fort. L'habit militaire lui sied bien ; il s'est très-vaillamment conduit, m'avait-on dit à Versailles. Son cousin le maréchal, qu'il n'a point quitté pendant la guerre, a pour lui une grande affection, une confiance sans bornes. « Je viens, me dit-il, d'accompagner tout à l'heure le maréchal sur les boulevards. Vous ne sauriez vous imaginer l'explosion et les transports de joie, l'ivresse, l'enthousiasme de tous ces bourgeois. Le maréchal ne pouvait avancer ; on embrassait littéralement ses bottes et le poitrail de son cheval. Cela me donnait des nausées, quand je songeais qu'il y a huit jours, ces mêmes gens acclamaient, par peur, les généraux galonnés de la Commune ! »

Cette réflexion de mon ami d'Harcourt m'a fort plu. Il voit juste au moins, celui-là, et ne s'abuse point sur la valeur morale du bourgeois parisien, frondeur en temps de calme, affolé par le danger, et toujours prêt à saluer le vainqueur du moment. A l'heure présente, il faut bien le dire, l'unique sauveur pour lui est le soldat héroïque qui personnifie le salut, l'ordre, le retour à la vie et la fortune publique. Non-seulement Paris, mais la France entière est entre les mains du maréchal de Mac-Mahon. Il n'aurait qu'un mot à dire, qu'un geste à faire, l'armée, à sa complète dévotion, acclamerait avec frénésie le régime qu'il lui plairait de protéger. Qui songe à cette heure au pauvre M. Thiers? Je fis part de ces observations à Emmanuel d'Harcourt.

« Ah! si vous connaissiez le maréchal! me répondit le jeune diplomate aide de camp. . . . .

. . . .

M. Thiers peut bien dormir sur ses deux oreilles et jouir en paix du pouvoir. »

Hélas! mon ami d'Harcourt aurait-il raison! Le maréchal ne serait-il pas autre chose qu'un soldat!

Cinq ans ont passé déjà, depuis le jour où s'écrivaient ces lignes. La France aujourd'hui, dit-on, est en pleine possession d'un gouvernement fort, définitif et stable jusqu'en novembre 1880. Tout est calme, tout est en paix. Il nous sera donc permis, dans le seul but d'éclaircir un point de notre histoire contemporaine, de reproduire ici deux lettres qui indiquent quel était alors l'état des esprits en France, ainsi que les dispositions de chacun.

Au lendemain de la révolution du 4 septembre, me trouvant en province, une amie dévouée de la famille d'Orléans m'engagea fortement à écrire à S. A. R. le comte de Paris afin de donner au prince des informations exactes sur ce qui se passait dans notre malheureux pays. — Absolument dégagé de la politique, n'étant attaché au gouvernement impérial par aucun lien personnel de reconnaissance ou d'intimité, je me souvins que mon père, député sous le roi Louis-Philippe, avait, jusqu'à son dernier jour, conservé une affectueux et profond respect pour toute la famille d'Orléans. Je n'hésitai donc pas à écrire, comme on m'y invitait, à M. le comte de Paris. Les très-intéressantes réponses qui furent faites à mes communications m'ont prouvé jusqu'à quel point le prince aime la France. Et, lorsque plus tard, après la Commune, j'eus l'honneur d'approcher quelquefois Son Altesse, il me fut donné d'apprécier l'élévation de son esprit et de son caractère, et de déplorer du fond du cœur les événements qui éloignaient des marches du trône un prince profondément honnête, aussi généreux que libéral.

A Monseigneur le Comte de Paris
à Londres.

8 mai 1871, Pithiviers.

MONSEIGNEUR,

Les derniers événements de Paris m'ont forcé de quitter avec ma famille la petite ville de Boulogne-sur-Seine, où j'étais revenu après le siége; c'est encore d'une étape nouvelle que je prends la liberté d'adresser à Votre Altesse quelques renseignements sur l'état des esprits, et des informations personnelles. Me trouvant tout à fait à l'écart des régions du pouvoir, des salons et antichambres de Versailles, privé de communications avec les amis que j'ai à la Chambre, ces informations auront, par cela même, un caractère d'indépendance et un accent de vérité qui, j'en suis persuadé, ne déplairont pas à Votre Altesse.

Les lettres que je reçois du Bourbonnais, d'Auvergne et de Bourgogne, où résident la plupart de mes amis et des membres de ma famille, ainsi que les impressions que j'ai recueillies depuis mon départ de Paris, s'accordent presque toutes à constater le même état de lassitude morale, de malaise et, malheureusement, d'apathie.

« La province a tellement soif de paix, de calme, m'écrivait mon frère, que, pour peu que ceux que nous espérons se fassent attendre, le pays est malheureusement disposé à accepter une solution, de quelque part qu'elle vienne. »

« Ma foi, Monsieur, m'écrit un maire intelligent des environs de Riom, nous avons voté avec votre liste, car ceux-là, disiez-vous, devaient nous ramener un *Roi* et la *Paix*. — L'un et l'autre tardent bien à venir! Le paysan n'est pas satisfait, loin de là! Les soldats prisonniers en Allemagne, qui devaient tous rentrer au village, sont retenus dans les environs de Paris. Ah! ce Paris de malheur ruinera donc toujours la France! »

Si l'irritation contre la Commune et la haine pour Paris s'accentuent chaque jour et deviennent le sentiment général, je dois ajouter, pour être vrai, que le gouvernement de Versailles, et particulièrement les ministres du Quatre-Septembre, MM. J. Favre, Picard et Simon, n'ont su ni exciter la sympathie, ni inspirer la confiance.

Une observation frappante que j'ai pu faire à Paris, où je suis allé chaque jour en pleine Commune jusqu'au 10 avril, est celle-ci : dans presque toutes les classes, indulgence singulière pour la Commune et ses premiers excès, en même temps blâme sévère pour le chef du pouvoir exécutif, « dont la faiblesse semblerait avoir amené, disait-on, ces tristes événements ». On lui reprochait surtout « sa persistance à conserver auprès de lui les hommes du Quatre-Septembre ». J'ai, en effet, l'intime persuasion que la honteuse défaillance dont la bourgeoisie a donné l'exemple, et qu'elle paye si chèrement aujourd'hui, est due en grande partie à l'antipathie qu'inspire à tous le cabinet actuel. Cette neutralité est, sans doute, aussi stupide que coupable, mais pour s'excuser elle fait valoir des arguments spécieux. En vain les gens sensés, vraiment patriotes, cherchaient-ils à démontrer que le cabinet de Versailles n'étant qu'une transition, un composé d'individualités destinées à promptement disparaître, le devoir de tous, à cette heure suprême, se bornait à soutenir malgré toute répugnance, le gouvernement émané d'une Assemblée qui seule représentai la France? En dépit de ces raisonnements, la passion aveuglant la foule, chacun de répondre : « Puisque ces hommes incapables, faibles, présomptueux, n'ont su, jusqu'à présent, ni défendre Paris, ni sauver la France, pourquoi M. Thiers les a-t-il conservés? — Pouvons-nous, de bonne foi, leur accorder notre confiance et les appuyer de nos efforts? Seront-ils plus heureux aujourd'hui avec la Commune qu'hier avec les Prussiens? » Les événements, hélas! semblent justifier en quelque sorte les prévisions de ces mécontents.

La majorité de la Chambre et les hommes dévoués à leur pays ont cruellement souffert de cet état de choses. De même qu'au temps de l'invasion, en présence des gouvernements de Tours et de Bordeaux, aujourd'hui encore ils font taire leurs aspirations légitimes et sacrifient leurs espérances avec une abnégation qui cependant doit avoir un terme.

« La politique de M. Thiers (telle est l'opinion accréditée généralement en province) est sans aucun doute inspirée par un amour sincère de la France; mais les résultats de cette politique sont désastreux. En s'adjoignant les hommes du Quatre-Septembre, il a voulu, dit-on, « faire essuyer par ces singu-« liers ministres de l'ex-défense nationale les « plâtres de la République », et il a tenu à faire signer cette paix fatale par ceux-là mêmes qui n'avaient pas su la rendre favorable. Ainsi seront déconsidérés et à jamais impopulaires les hommes de ce parti; alors le pays, fatigué, rappellera ses princes dès que M. Thiers jugera l'instant favorable. »

Ce calcul, qui ne pèche pas par un excès de loyauté et de noblesse, est, je n'en doute pas, faussement attribué au chef actuel du pouvoir exécutif. Toujours est-il que sa politique n'a satisfait, jusqu'à présent, ni la Chambre ni le pays; ses protestations solennelles et inopportunes en faveur d'un état de choses qu'on l'accuse, bien injustement sans doute, de maintenir à son profit, ont eu pour effet de précipiter la France dans le chaos où elle se meut aujourd'hui. Ses serments de fidélité à la République, en exaspérant les partis extrêmes, ont enlevé aux hommes d'énergie, convaincus de la nécessité monarchique, tout moyen d'action, et encouragé dans leur apathie la masse des hommes d'ordre. En politique, les situations fausses, basées sur des compromis et des expédients, ne trompent personne; elles énervent, lassent et conduisent inévitablement à une catastrophe. La sinistre et sanglante comédie de la Commune de Paris aurait-elle jamais pris les proportions qu'elle a prises aujourd'hui, ou même aurait-elle pu se produire, si, à Versailles ou à Bordeaux même, M. le chef du pouvoir exécutif, en présence des aspirations ardentes et des impatiences fiévreuses de la France entière, avait su ou *avait voulu* obéir au sentiment unanime des hommes qui représentaient vraiment les dispositions du pays? Une proclamation immédiate de la monarchie constitutionnelle, le lendemain de l'acceptation de la paix, eût été accueillie, d'un bout de la France à l'autre, comme la délivrance de nos maux, comme l'unique solution raisonnable, pratique, qui pût mettre un terme à la série de nos épreuves et remplacer un système politique dont le court essai venait de nous coûter si cher. Cette solution était entre les mains de M. Thiers, dont l'expérience, le bon sens et le patriotisme étaient appréciés à ce point qu'il était devenu l'arbitre de l'Assemblée nationale. Il ne l'a point voulu. Et cependant, à cette heure solennelle, pour calmer les scrupules de sa conscience et lui inspirer la résolution nécessaire, ne lui aurait-il pas suffi de mesurer la signification des vingt-trois élections qui venaient de l'acclamer à Paris et en France?

Il est loin de ma pensée, Monseigneur, de chercher à approfondir les difficultés de la situation telles qu'elles se présentaient à cette époque, et je continue à n'être devant Votre Altesse que le simple interprète d'opinions et de sentiments répandus autour de moi. Le salut de la France, dit-on et répète-t-on à toute heure, repose exclusivement sur la monarchie et la réconciliation des deux branches royales. L'arrivée du comte de Chambord en France, transmettant plus tard, de lui-même, ses droits au comte de Paris, peut seule amener l'apaisement des partis et terminer une effroyable crise.

De quel prestige, de quelle force serait entouré le trône du nouveau roi, ayant auprès de lui les princes aimés et populaires dont l'armée et la marine gardent religieusement le souvenir! L'avénement d'une famille compacte, unie, profondément française, liée étroitement à nos gloires et à nos malheurs, tel est, Monseigneur, je ne crains pas de le dire, l'unique salut de votre infortuné pays.

Dans les lettres que j'ai pris, durant la guerre, la liberté d'adresser de La Palisse et de Riom à Votre Altesse, et auxquelles elle a si gracieusement daigné répondre, je me faisais l'écho d'espérances bien chères; aujourd'hui, Monseigneur, c'est avec l'énergie du désespoir que la France tend vers vous ses bras. Elle vous supplie de venir à elle. De grâce, que Votre Altesse obéisse aux élans de son cœur et se laisse entraîner par son patriotisme. Tout atermoiement conseillé à Votre Altesse, de quelque bonne foi, de quelque autorité que parte ce conseil, est funeste. Il ne peut qu'envenimer nos plaies, perpétuer la guerre civile et jeter infailliblement le pays dans de nouveaux troubles et dans la confusion des partis.

En attendant les ordres de Votre Altesse,

je suis avec le plus profond respect, Monseigneur, etc.

Henry d'IDEVILLE.

En réponse à la lettre que l'on vient de lire, un billet daté de *York House, Twickenham, 27 mai* 1871, nous fut remis par l'intermédiaire de la comtesse de X... Ce billet précéda de quelques jours seulement l'arrivée de M. le comte de Paris en France.

Malgré l'extrême intérêt qui s'attache à une lettre du Prince, écrite dans ces circonstances, on comprend aisément les motifs de convenance qui ne nous permettent point de la publier.

FIN.

A PARIS

DES PRESSES DE D. JOUAUST

Imprimeur breveté

Rue Saint-Honoré, 338.

www.ingramcontent.com/pod-product-compliance
Ingram Content Group UK Ltd.
Pitfield, Milton Keynes, MK11 3LW, UK
UKHW032007260826
14628UKWH00005B/2329

9 782013 584562